DISCOURS

SUR

LE PRÉJUGÉ

Qui note d'infamie les Parents des Suppliciés,

AVEC UNE LETTRE SUR L'ÉLOQUENCE.

Par M. SABATIER, Professeur d'Éloquence au Collège de Tournon.

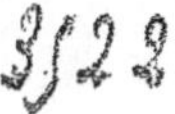

DISCOURS
SUR
LE PRÉJUGÉ
Qui note d'infamie les Parents des Suppliciés.

EN vain les Sciences nous éclairent de toutes parts; il semble qu'il est dans la nature de l'homme de tenir toujours à quelques erreurs. Si nous suivions attentivement les progrès de l'esprit humain, nous verrions que nous avons acquis bien peu de vérités utiles, que nous avons remplacé les anciennes erreurs par de nouvelles, & que nous n'avons fait que changer de préjugés. Il en est de respectables, malgré leur barbarie, parce qu'ils tiennent à la constitution de la Monarchie. Ils sont comme ces colonnes de mauvais goût dans un bâtiment; elles choquent la vue, mais on ne sauroit les

A

ôter fans caufer la ruine de l'édifice. Il en eft qui jettent l'efprit dans l'enfance, ou la vieilleffe; ils l'arrêtent fur la route des Sciences, & l'empêchent de s'élancer vers la vérité, en épaifliffant le voile qui la cache. (1) Ce font, pour me fervir des termes de *Bacon*, des fantômes qu'un mauvais génie envoya fur la terre pour égarer les hommes. Mais il eft des préjugés cruels, que la Nation chérit malgré leur atrocité: il en eft qu'elle adore, quoiqu'ils l'humilient & la dégradent: tel eft le préjugé qui note d'infamie les parents des fuppliciés. A quoi nous fervent donc les lumieres, fi nous ne diftinguons pas ce qui eft jufte de ce qui ne l'eft pas, fi elles ne fixent pas l'infamie fur celui feul qui a commis le crime? Dans des fiecles barbares, nos Aïeux, encore grofliers, obéiffoient à des coutumes groflieres comme eux; ils avoient le crime en horreur; mais, pour le punir, ils employoient des moyens infuffifants, & fujets à l'erreur; (2) je veux dire, les épreuves de l'eau, du fer & du feu. Ils ne voyoient pas, nos peres, qu'ils mettoient le fcélérat adroit & robufte, dans le cas d'échapper au fupplice; ils ne voyoient pas qu'ils expofoient l'innocent foible, à être la victime d'une Jurifprudence fanguinaire, & qui pourtant permettoit que le coupable ne tombât point fous le glaive, pourvu qu'il payât une fomme à la partie léfée. Ces abus ont enfin difparu avec les ténebres qui les favorifoient: ils étoient dignes de ces fiecles, où les coutumes les plus extravagantes tenoient lieu de loix. Mais nous, François, dont les Lettres ont poli les mœurs, ferons-nous affez cruels pour faire retomber fur les parents d'un criminel l'horreur & l'infamie, qui ne doivent pourfuivre que fa perfonne? Nous, que l'éclat du plus beau jour environne, aurons-nous un coin de l'œil couvert du bandeau? Ah! convenons que le préjugé qui note d'infamie les parents des fuppliciés, bleffe les loix de l'humanité, qu'il étouffe cette compaffion que doivent infpirer des hommes affez malheureux par la douleur qu'ils ont d'appartenir à des coupables. Je pourrois appuyer mon Difcours fur ces moyens, & les larmes de ceux qui me liront prouveroient que je fuis entré dans leurs cœurs : mais je veux faire marcher la conviction avec le fentiment. Je dis donc que ce préjugé eft contraire à la juftice, & au bien de l'État : voilà deux propofitions qui ferviront de fondement à ce Difcours. Je viens parler en faveur des malheureux qu'un vil préjugé condamne à l'opprobre : leurs gémiffements ont retenti dans le fond de mon ame. C'eft donc toi que je dois invoquer, ô tendre humanité ! infpire-moi ces élans du cœur qui font triompher la raifon : fais-moi fentir ces mouvements rapides & vigoureux, qui font les plus fures armes de l'éloquence.

PREMIERE PARTIE.

LE crime fit naître les loix, & celles-ci appellerent les peines à leur fecours. Puifque la honte attachée à une mauvaife action, les remords qui la fuivent, l'horreur qu'elle infpire, ne fuffirent pas pour en détourner, il fallut avoir recours à l'appareil des fupplices ; la juftice devoit tonner en faveur de la foibleffe opprimée par la force. Le crime eft un tort fait à la fociété, ou à quelques-uns de fes membres : l'ordre demande qu'il foit puni. Celui qui ôte la vie, doit la perdre : les loix levent le fer fur lui, elles prononcent l'Arrêt de fon fupplice, & nous laiffent prononcer celui de fon infamie : mais les loix n'ont pas prétendu envelopper dans l'opprobre qui fouille le coupable, les parents qui lui appartiennent ; elles auroient perdu leurs attributs effentiels, la juftice & la fageffe ; elles auroient reffemblé à des hommes dont l'œil vicié voit dans un fujet des qualités ou des couleurs qui n'y font pas. Le préjugé qui note d'infamie les parents des fuppliciés, eft donc contraire aux loix, & conséquemment à la justice qui les dicte : il suppose que les parents d'un criminel sont coupables de son crime ; mais s'ils son coupables, ils doivent subir la peine de mort ; s'ils ne le sont pas, ils ne doivent pas être infames. Que dis-je ? ils sont punis de mort : ne perd-on pas la vie dès le moment que l'on perd l'honneur ? Le préjugé que j'attaque est donc contraire à la justice, puisqu'il frappe l'innocent. Car enfin, qu'est-ce que la justice ? Définissons-la d'après les Jurisconsultes, *Est constans & perpetua voluntas jus suum cuique tribuendi ;* elle se divise en distributive & en commutative : la premiere a pour un de ses objets les peines qu'elle inflige à qui les mérite. Dans cette définition & cette division, je trouve de quoi proscrire un préjugé qui ne donne point à chacun son droit, & qui verse l'infamie sur celui qui ne doit point la porter : il la porte injustement, & il est traité comme un coupable condamné. Quelle folie ! on vit tous les jours dans le monde avec un homme méprisable par ses mœurs, avec un homme dont les crimes mériteroient la punition la plus rigoureuse ; s'il est ce que le préjugé appelle bonne compagnie, s'il tient un certain rang, ses mauvaises actions sont oubliées : & on fuit la société d'un honnête homme qui gémit d'avoir pour parent un supplicié. Mais si celui-ci avoit échappé au supplice, quoique prononcé, & qu'il eût un état d'opulence & de grandeur, sa maison seroit une espece de Cour.

On me dira peut-être : on ne sauroit donner trop d'étendue à la honte, suite du crime ; en la répandant sur la famille du supplicié, on opposera plus de digues à la scélératesse. Quoi ! on croira que celui qui veut commettre un crime, sera retenu par le deshonneur qu'il peut imprimer à ses parents ! (3) Dès qu'il a conçu un projet inique, n'a-t-il pas étouffé cette voix intérieure qui lui disoit de se respecter soi-même & les autres ? Dès qu'il ne craint pas l'opprobre pour lui, le craindra-t-il pour les autres ? Enfin, dès qu'il brave

(5)

l'échafaud, ne brave-t-il pas la honte? Non, non, ce feroit mal
connoître le cœur humain : on s'envifage d'abord foi-même,
l'amour des autres n'eft qu'en fecond. Si ces motifs d'intérêt fe ren-
contrent dans les ames les plus pures, que doit-ce être dans le
cœur d'un vil fcélérat? Puifque l'objection que je viens de me
faire, eft nulle, le préjugé qu'elle défend eft oppofé à la juftice.
Je ne puis penfer au fort des perfonnes qu'il opprime, fans être
ému de compaffion. Souffrir l'opprobre qu'on mérite, eft un état
horrible, & pourtant jufte; mais endurer l'humiliation pour les
crimes d'un autre, partager fon infamie, effuyer, quoiqu'innocent,
une peine plus rigoureufe que la mort; attirer fur foi, quoique
vertueux, les dédains & les mépris d'une Nation entiere; être privé
du droit le plus cher à un Citoyen, celui d'être eftimé de fes fem-
blables qu'on a fervis; être obligé de les fuir comme des ennemis
& des perfécuteurs; fe confiner dans la folitude la plus affreufe, &
trembler que fon filence ne parle; être pur comme le jour, &
n'ofer le regarder, de peur qu'il ne retrace l'opprobre qu'on traîne
par-tout, cet état fait frémir; c'eft pourtant celui qu'éprouvent des
Citoyens vertueux. Eft-ce chez des Sauvages, chez les Hurons ou
les Hottentots, que la vertu fubit le fort du crime? Non, c'eft
parmi une Nation polie, qui fait gloire d'aimer les arts & l'humanité, & qui pourtant fe deshonore fous le joug du préjugé le plus
barbare.

Que de raifons s'élevent contre lui! En matiere civile, les Juge-
ments qui foumettent à quelque aumône; en matiere criminelle,
ceux qui foumettent à quelque amende, notent d'infamie celui qui
eft condamné; mais fes parents ne partagent point cette infamie.
Pourquoi donc les parents de celui qui périt fur un échafaud,
fubiffent-ils fon opprobre? Si on me dit que l'infamie eft perfon-
nelle dans le premier cas, je demande pourquoi elle ne l'eft pas

dans le fecond. Outre cela , les infames ne peuvent remplir aucune fonction de Judicature , & autres fonctions publiques , à moins que le Prince ne les réhabilite par des Lettres. On n'a point d'égard à leur témoignage ; ou, fi on l'admet, le Juge eft maître de déterminer le degré de valeur qu'il peut avoir : il n'eft reçu avec facilité que pour le crime de Leze-Majefté. Or les parents des fuppliciés ne font pas privés des avantages que je viens d'indiquer ; ils ne font donc pas infames. Enfin, l'infamie eft la perte de l'honneur ; elle eft produite par une action deshonorante , & qui flétrit, dans l'efprit des Citoyens , celui qui l'a commife. Je ne vois rien dans cette définition qui ne décharge les parents des fuppliciés. Hélas ! ferons-nous toujours inconféquents ? Pourquoi approuver & blâmer en même temps des chofes égales ? Nous trouvons ridicule que les enfants foient honorés des vertus de leurs peres, qu'on recueille le fruit des belles actions qu'on n'a point faites , & nous voulons qu'on foit puni, qu'on foit privé de l'eftime publique , pour des crimes qu'on n'a point commis : foyons donc d'accord avec nous-mêmes. D'ailleurs le préjugé qui veut que la Nobleffe foit héréditaire , porte fur un motif d'utilité ; il eft conforme à cette maxime de droit , *Favores funt ampliandi*. Mais la même maxime ajoute , *Odia funt reftringenda*. Ces mots improuvent notre injuftice. Car , au lieu de diminuer l'odieux , nous lui donnons toute l'étendue poffible. La loi arrête fa févérité fur le coupable , elle épargne ceux qui ont le malheur de lui appartenir par le fang. Pourquoi voulons-nous aller plus loin qu'elle ? En puniffant les infracteurs, elle met, autant qu'elle peut, des adouciffements aux peines qu'elle impofe. Et nous , nous les étendons fur ceux qui ne font pour rien dans le crime : quelle inhumanité ! Le criminel , en périffant, emporte dans la tombe l'infamie qu'il mérite ; nous arrachons cette infamie aux ombres de la mort , pour en faire un héritage à fes proches. Ils font

plus cruellement punis que lui. Les regards de ceux qui les environnent, leur font souffrir, à chaque inftant, la mort, en leur
annonçant la honte qui les fait courber vers la terre : il en eft même
qui font affez bas pour reprocher à un homme vertueux, la douleur
qu'il a d'appartenir à un criminel : c'eft à la vérité faire un tort qui
n'eft que dans l'opinion. L'injute ne peut point tomber fur un honnête homme, ainfi que l'a prouvé Séneque ; mais ce tort d'opinion devient réel par le préjugé qui l'enfle & l'accrédite. Ah ! je
m'adreffe à un de ces mortels affez bas, pour faire un pareil
reproche, & je lui dis : Barbare, tu es capable de commettre le
crime que tu reproches, puifque tu étouffes la voix de l'humanité,
qui te crie d'avoir pitié de ton femblable que le malheur accable ;
dis-moi, lâche, que penferois-tu d'un homme qui viendroit te
reprocher que ton frere a des défauts corporels ? tu le trouverois
injufte, parce que les défauts qui difgracient ton frere, ne t'empêchent pas d'être bien fait. Tu es pourtant bien plus injufte,
lorfque tu infultes un honnête homme pour les crimes dont s'eft
fouillé un de fa race. Apprends qu'on ne mérite ni louange, ni
blâme pour les chofes qui ne font pas perfonnelles : mais un préjugé
affreux en ordonne autrement ; il faut qu'à fa voix des familles
défolées & innocentes fuient les regards d'une Nation qui les
outrage dans le malheur. Allez, trifes victimes d'un préjugé qui
vous flétrit, allez enfevelir dans un défert une honte qui nous
dégrade nous-mêmes : fuyez des Citoyens qu'une idée fauffe a
rendu féroces ; allez vous cacher dans des antres qui répondront à
vos gémiffements : il ne vous eft permis que d'attendrir les ours &
les lions.

Telle eft la cruauté d'un préjugé que l'orgueil & l'ignorance ont
mis en faveur : on le refpecte, fans doute, parce qu'il femble
prendre fa fource dans la haine qu'infpire le crime : mais nous

fommes fi inconféquents , que nous paroiffons admirer les actions que nous déteftons. D'où viennent ces termes de célebre fcélérat , de fameux criminel ? Ces épithetes d'admiration qui annoncent la gloire , font-elles produites par l'horreur que fait naître le crime ? Ces expreffions enfin , les appliquerions - nous à la pefte , ou à quelqu'autre fléau ? Peut-être l'idée de force & de hardieffe qu'on fuppofe dans celui qui commet un forfait , nous en impofe ; peut-être tout ce qui nous fubjugue nous commande l'admiration. Quoi qu'il en foit , j'aime à croire que ce préjugé doit fa naiffance à l'indignation qu'infpire le crime ; mais ce fentiment vif & profond fe concentre dans l'objet qui le fait naître. J'aime à croire auffi qu'on a prétendu par-là obliger les parents à veiller avec plus de foin à l'éducation de leurs enfants. Peres & meres , on vous croit donc bien peu fenfibles , s'il faut vous intéreffer au bien de vos enfants , par d'autres motifs que ceux de leur bonheur & du vôtre. Faut-il que vous veilliez fur eux par la crainte des fupplices qu'ils pourroient mériter ? Cette idée eft défolante. Quoi ! c'eft en fixant les yeux fur un gibet , que vous imprimerez dans leurs cœurs l'amour des vertus & l'horreur des vices ! Non , j'ai une idée plus fublime de la tendreffe paternelle. Le plus grand plaifir que vous éprouvez , n'eft-ce pas celui de voir que les bonnes femences que vous avez jetées dans le fein de vos enfants , répondent à vos efpérances ? L'idée d'en faire des Citoyens vertueux , eft la feule qui vous immole à leur éducation , à laquelle votre amour vous a déja confacrés. Vous êtes naturellement intéreffés à leur infpirer le goût de l'eftime pûblique. La joie que fent un homme qui fe couvre de gloire , eft-elle comparable à celle qui tranfporte les auteurs de fes jours ? Des enfants qui feroient élevés en leur préfentant la crainte des fupplices , feroient des efclaves enchaînés ; ils feroient moins amis des vertus , qu'ennemis des forfaits , qu'ils commettroient

peut-être

peut-être , quand ils le pourroient faire impunément. C'eſt l'amour
qui entre dans les ſoins de l'éducation. On embellit un ouvrage
parce qu'on l'aime , & parce qu'il doit faire honneur ; enfin ſuggérer l'amour des vertus, c'eſt ſuggérer la haine des vices : ces deux ſen-
timents s'identifient. Le ſecond n'eſt pourtant pas celui qu'on cherche
le plus à communiquer, parce qu'il faudroit ſuppoſer les hommes naturellement portés aux crimes. Mais ſi on veut que le préjugé dont je
parle, ait pour but d'obliger les parents à veiller avec plus de ſoin ſur
leurs enfants , il faudra convenir que nous avons été plus ſages que
la Loi ; elle n'auroit pas rempli un objet eſſentiel , en ne les puniſſant
point des fautes de leurs enfants. Ils ſont comptables de leur éducation , mais non reſponſables du ſuccès. Cependant nous voulons
qu'ils ſoient garants d'une choſe qui ne dépend pas d'eux. Quand
ils auroient promis de les bien élever , pourroient-ils promettre la
réuſſite ? La Loi ne leur dit rien ſur l'article dont il s'agit , parce
que la nature leur en fait un devoir. Les peres les plus licencieux
ſouhaitent que leurs enfants ſoient gens de bien ; ils ont ſoin de leur
cacher leur conduite , ſi elle n'eſt pas réguliere : cette politique eſt
commandée par l'amour le plus tendre , qui leur fait déſirer d'avoir
des enfants vertueux & honorés. Peres & meres , c'eſt cet amour
qui vous fait agir ; ſeul , il ſuffit pour vous engager à remplir vos
devoirs. Pouvoit-on vous impoſer une loi plus forte que celle que
vous preſcrit la nature ? Croire que vous laiſſerez germer les vices
dans le cœur de vos enfants , c'eſt croire que vous êtes capables de
les empoiſonner, ou de les étouffer : croire que vous les verrez
entrer dans le chemin du crime , ſans les arrêter , c'eſt croire que
vous êtes capables de vous donner la mort. Mais ſi , malgré vos
leçons & vos bons exemples , un de vos enfants ſe deshonore , ſon
deshonneur doit-il remonter juſqu'à vous ? En êtes-vous moins purs ,
parce qu'il s'eſt ſouillé ? L'eau qui s'eſt corrompue dans ſon cours ,

peut-elle infecter la fource d'où elle eft partie.? Les vertus des peres paffent-elles toujours à leurs enfants? *Caligula* étoit fils de *Germa-nicus. Néron* n'étoit-il pas du fang de ce même *Germanicus*, ce Prince accompli, qui fit les délices de Rome? *Marc-Aurele*, ce fage Empereur, ne donna-t-il pas le jour à *Commode?* Le préjugé en queftion établit pourtant, que les parents d'un criminel ont les mêmes inclinations que lui. Eft-il rien de plus abfurde, eft-il rien de plus injufte fur-tout, que de les punir des crimes dont ils font innocents? Il n'étoit pas auffi févere, ce Légiflateur d'Athenes, dont pourtant les Loix étoient fi rigoureufes, qu'on les difoit écrites avec du fang. Non, *Dracon*, qui vouloit févir contre le crime avec toute la rigueur poffible; *Dracon*, dont les Loix furent abolies par *Solon*, parce qu'elles étoient trop cruelles, ne pourfuivoit pas le crime dans les parents du coupable: & nous, au lieu de nous attendrir fur le fort de ceux qui font liés, par le fang, à des criminels, nous prenons la honte que méritent ces derniers, pour en jeter une partie fur le front des premiers; nous voulons être plus féveres que la Loi. Le fcélérat qui va expirer, dans le temps qu'il nous fait horreur, nous infpire pourtant la pitié, parce qu'il eft homme. L'image de notre femblable nous émeut, & nous n'éprouvons pas ce fentiment à l'égard de ceux que fon crime afflige davantage. Sont-ils donc plus déteftables, parce qu'ils font plus à plaindre? Ils fe croiroient heureux, s'ils étoient condamnés à la même mort qui fait leur infamie puifqu'ils ne verroient plus le jour qui montre leur turpitude.

Céfar, confulté fur le fupplice que méritoient *Catilina* & fes complices, éloigna la peine de mort; mais il les foumettoit à tous les autres tourments; à la captivité & à fes douleurs: il vouloit qu'on ne pût jamais demander leur grace au Sénat & au Peuple; il vouloit qu'on leur ravît même l'efpérance, confolation des malheureux; mais il leur laiffoit la vie. Sa penfée étoit, dit *Ciceron*, que si on leur ôtoit la vie, on les délivreroit, par un mal d'un moment, de tous les autres maux. Voilà le supplice auquel *César* condamnoit quelques hommes souillés de plusieurs crimes : c'est le même auquel nous livrons des mortels vertueux, & souvent utiles. Rétablissons-les dans l'état qu'ils doivent avoir. Nous leur avons ôté l'honneur, la justice nous oblige à le leur restituer. Le premier de nos devoirs est de ne faire tort à personne dans ses biens & sa réputation. Tout Citoyen a des droits sacrés qu'on ne peut lui arracher : si on lui enleve ses biens, la restitution est nécessaire : il peut aussi réclamer son honneur, si on l'en dépouille. Voilà des loix sur lesquelles la société est fondée : ah! brisons les chaînes d'un préjugé qui la renverse. Il suffit que ce soit un préjugé, c'est-à-dire, un faux jugement que prononce la raison égarée, cela seul en sollicite la proscription. Humanité, compassion, vertus des ames sensibles, pousseriez-vous, d'accord avec la raison, des cris qui ne seroient pas entendus ? Vertus, qui seules ennoblissez l'homme, & le consolez des caprices de la fortune, seriez-vous bannies de son cœur ? Société, doux lien, qui, en nous unissant, fais notre sureté & notre bonheur, ton intérêt seroit-il rejeté ? faudroit-il voir sortir du sein de l'ordre la confusion & le chaos ? Quoi, ces motifs ne nous ébranlent pas ! Quoi, nous voulons retracer l'image de Dieu, & la cruauté des bêtes féroces ! Écoutons du moins la justice, notre intérêt doit la réveiller dans nos ames ; elle seule nous juge sans passion ; elle rapproche tous les mortels, en faisant tomber les titres & les rangs ; ses yeux, comme les rayons du soleil, rendent aux objets leur couleur naturelle : soutenu par elle, l'homme foible & outragé marche enfin sur la tête de l'oppresseur qui l'avoit foulé à ses pieds ; elle murmure, elle éclate contre le préjugé qui nous séduit. Avouons que les moyens les plus forts conspirent à prouver qu'il est contraire à la justice :

J'efpere qu'il ne me fera pas difficile de démontrer qu'il eft contraire auffi au bien de l'État.

SECONDE PARTIE.

QUELQUE étendu que foit un Empire, quelque nombreufes que foient les armées qui le foutiennent, il n'a qu'une force trompeufe, s'il n'eft appuyé fur la juftice : elle feule peut en entretenir la vigueur ; elle eft pour lui ce qu'eft le fang pour l'économie animale. Ainfi dès que j'ai prouvé que le préjugé, qui fait l'objet de ce Difcours, combat directement la juftice, j'ai démontré qu'il eft contraire au bien de l'État. Mais quoique je puiffe me repofer fur cette raifon pour inviter à le détruire, je vois une foule d'autres preuves qui viennent me prêter leur fecours ; elles me font dire avec affurance, que le préjugé qui note d'infamie les parents des fuppliciés, heurte de front les intérêts de l'État.

Le bien de l'État demande que les Citoyens foient libres à l'ombre des loix : or, en flétriffant des innocents, nous les dépouillons de leur liberté, nous leur raviffons la tranquillité que le crime feul doit enlever. La fociété fuppofe égalité de droit dans les membres qui la compofent, & nous privons des Citoyens vertueux des titres qu'ils ont d'être eftimés : nous troublons l'harmonie du corps politique, qui ne peut exifter, fi tous les fujets ne font également fous la protection des loix ; nous rompons les nœuds qui doivent attacher tous les Citoyens ; en un mot, nous introduifons le défordre, fi l'opinion diftribue à fon gré la flétriffure : je dis plus ; comme la fociété eft intéreffée à ce que les coupables qui lui font tort, foient punis, fon intérêt exige auffi que des hommes innocents jouiffent du repos que la juftice leur affure.

Le bien de l'État demande que les vertus foient récompenfées,

(13)

les talents animés : or nous les anéantiſſons dans ceux que notre injuſtice proſcrit. Comment feroient-ils des choſes grandes, utiles, quand nous les vouons à l'opprobre qui éteint leur génie ? Comment ſerviroient-ils une Patrie qui les dédaigne ? L'opinion que les autres ont de nous, regle celle que nous avons d'eux. Il faut s'eſtimer ſoi-même & les autres, pour aſpirer à la gloire : l'eſclave n'oſe penſer à elle ; l'homme flétri n'oſe l'enviſager : d'ailleurs, c'eſt la ſociété qui en diſpenſe les faveurs. Les hommes qui feroient de belles choſes ſans regarder la gloire, n'exiſtent point. Mais cherche-t-on à mériter de ceux qui nous ont arraché leur eſtime, dans le temps qu'ils profitoient de nos ſervices ? Le préjugé contre lequel je m'éleve, eſt donc contraire au bien de l'État, puiſqu'il donne la mort aux talents & aux vertus, qui en ſont les fondements. Quel délire vous emporte, ô mes compatriotes ? Avez-vous jamais bien penſé aux dommages que vous cauſez à la Patrie, par l'injure que vous faites à des Citoyens vertueux ? La haine dont vous pourſuivez le crime, vous porte à les outrager. Mais faut-il que vous reſſem-bliez à des enfants, qui, dans leur petite colere, frappent les objets qui n'ont pas contribué à l'exciter. Si le particulier ne vous touche point, que vous a fait l'État ? Pourquoi l'affliger ? pourquoi careſſer une erreur qui lui déchire les flancs ?

Le bien de l'État demande que la population ne ſoit point diminuée ; elle eſt la meſure de ſes forces & de ſes reſſources ; elle ſeule établit la ſupériorité d'un Empire ſur un autre. N'agit-on pas contre ce principe, quand on infame les parents des ſuppliciés ? On les met dans le cas de ne pouvoir prétendre au mariage, par la note qui les noircit, (4) puiſque le préjugé veut encore qu'on ne s'allie point à eux. Comme il place la honte dans le ſupplice, plutôt que dans les actions infamantes par elles-mêmes, l'auteur d'un crime impuni, ou ſes parents, peuvent ſe vouer à l'hymen, qui rejette

les parents des suppliciés. Quand même l'amour, qui ne consulte
ni les conditions ni les préjugés, offriroit à ceux-ci des compagnes,
oseroient-ils former cette union, dont les fruits seroient méprisés ?
Voudroient-ils revivre dans des enfants auxquels ils ne pourroient
laisser que l'infamie à perpétuer ? Ainsi on les immole, eux & leur
postérité : on fait plus, on les force à quitter la Patrie, où ils ne
voient que les auteurs & les témoins d'une turpitude qui n'est qu'un
fantôme que nous avons créé. Ainsi l'étranger profite de nos pertes,
& s'enrichit de nos dépouilles. Que faisons-nous, aveugles que
nous sommes ? Nous nous flattons d'être bons Citoyens, & nous
suivons des maximes qui nous empêchent de l'être. Eh quoi !
les raisons les plus fortes ne détruiront pas un préjugé qui nous
égare ! Il parle, il faut qu'un Citoyen brise les nœuds qui l'attachent
à sa Patrie. Tu pleures, mortel généreux, cette séparation te
déchire le cœur : tu quittes une mere à qui l'amour le plus tendre
avoit consacré tes jours & tes services ; mais elle-même t'a rejeté de
son sein comme un vil coupable : arrose de tes larmes ce pays où tu
commenças à respirer pour l'aimer, & à te fortifier pour le servir.
Je le vois, tu voudrois rester parmi nous ; mais permets que je
t'adresse les paroles dont se servoit l'Orateur Romain, à l'égard
d'un monstre couvert de crimes* : *Quid enim est quod te jam in
hac urbe delectare possit ?* Si tu aimes l'infamie, tu la trouve-
ras sans cesse attachée à tes pas ; si tu veux vivre d'opprobre,
nous t'en rassasierons : tu verras le dédain écrit dans nos yeux, qui
le darderont sur toi ; tu l'entendras peut-être s'échapper de notre
bouche, qui se souillera pour t'humilier.

    Combien ce préjugé fait de tort à l'État, puisqu'il exile des
sujets qui pourroient lui être utiles ! Non-seulement il les fait sortir
de la Patrie, il les irrite contr'elle. Mais dans la politique il y a
plus à craindre d'un ennemi, qu'à espérer de cent amis. Un ennemi

* *Catilina.*

fait mieux trouver les moyens de nuire, qu'un ami ceux d'obliger.
L'amitié dort quelquefois, la haine veille toujours. Or ceux que
repousse la Patrie, malgré les services qu'elle en a reçus, en sortent
ordinairement la fureur dans l'ame. L'orgueil, qui entre pour
beaucoup dans les affections des hommes, les déchaîne contre les
objets qui s'en font rendus indignes. Je sais qu'il est des mortels
assez grands pour être au dessus des injures : ce sont les Scipions de
la société ; mais s'ils ne sont pas capables de porter les armes contre
la Patrie qui les a outragés, la fierté ordinaire dans un cœur
généreux, ne leur permet pas de rester dans son sein : ainsi elle se
prive souvent du seul soutien qui peut en empêcher la ruine. Les
Gaulois sont aux portes de Rome ; ce Capitole, qui lui promettoit
l'empire de la terre, est prêt de tomber en poudre. Tremble,
orgueilleuse République : la foudre que tu lançois, va retomber sur
toi-même : en vain tu comptes autant de soldats que d'hommes,
autant de héros que de soldats, tu tends les mains aux fers qu'on
te destine : un seul bras peut te sauver ; c'est celui de *Camille*, qui,
mécontent de ton ingratitude, languit chez les Ardeates. Le
malheur éclaire le Peuple & le Sénat, on répare les torts faits à
Camille ; il revient, la gloire le précede, la confiance saisit les
Romains, la terreur les Gaulois ; la mort retourne vers ceux qui
la répandoient ; les murs du Capitole s'arrêtent sur le penchant de
leur ruine, la victoire y vole, les releve, s'y assied, & l'aspect de
Camille fait fuir ces armées nombreuses, que la valeur alloit cou-
ronner. Si *Camille* eût été inflexible, Rome périssoit, pour s'être
privée du seul soutien qu'elle pouvoit attendre. Que savons-nous, si
nous ne serons pas dans le cas d'avoir besoin d'un homme qu'une
opinion injuste oblige de s'expatrier ? Le préjugé qui le bannit, est
donc contraire au bien de l'État ; il doit également envisager les
ressources qu'il a, & celles qu'il peut avoir. Mais voici une raison

qui prouve encore mieux combien il eſt oppoſé au bien de l'État: il
met les hommes riches & puiſſants dans la néceſſité d'employer leur
crédit & leurs richeſſes, pour ſouſtraire au fer de la Juſtice des
parents dont ils penſent que le ſupplice ſouilleroit leur famille (5):
alors la faveur fait taire la Juſtice, & la déſarme; alors le crime eſt
encouragé par l'impunité; il acquiert une ſorte de reſpect par la
naiſſance de la perſonne qui le commet; il participe aux exemptions
des Nobles; le glaive ne le frappe que lorſqu'il s'éleve du ſein de la
boue. Mais n'eſt-il pas également une violation des droits humains,
par quelque homme qu'il ſoit commis? Les conditions des Citoyens
peuvent-elles changer ſa nature? N'eſt-il pas, au contraire, plus
affreux, plus contagieux lorſqu'il ſort d'une ſource révérée? Hélas!
pourquoi faut-il qu'il nous inſpire moins d'horreur, lorſqu'il a pour
objet quelque grand changement? L'Hiſtoire nous peint ce Prévôt
des Marchands de Paris, ce factieux *Marcel*, qui, pendant la captivité de Jean I. combattit par des troubles & des attentats, l'autorité ſouveraine. Ami du peuple qu'il armoit contre ſon Maître, il
empêcha le cours d'une monnoie fabriquée pour les beſoins de l'État;
reſpirant la haine cachée ſous les apparences du bien public, il
entra, à la tête de trois mille hommes, dans le Palais du Dauphin,
& maſſacra trois des principaux Seigneurs. Je demande ſi les enfants
de ce *Marcel* auroient ſubi, dans la ſuite, l'infamie qui fut attachée
à ſa mort? Je demande encore pourquoi *Maillard*, ce généreux
Citoyen qui donna la mort à *Marcel*, au moment qu'il alloit ouvrir
les portes de Paris au Roi de Navarre, ſon allié; je demande,
dis-je, pourquoi ce *Maillard* eſt moins célèbre que le traître qu'il
empêcha d'exécuter ſes horribles complots? Je vais hazarder quelques réflexions. Ne ſont-ce pas nos Pieces de Théatre qui nous ont
accoutumé à regarder avec moins d'admiration la vertu ſimple, que
le crime adroit? Elles donnent aux forfaits un caractere ſublime, qui
nous

nous en impofe ; elles nous préfentent toujours avec moins d'avantages un perfonnage vertueux & franc , qu'un perfonnage ambitieux
& fourbe : la combinaifon des moyens que celui-ci emploie , en
étonnant notre efprit , ne laiffe , pour ainfi dire , point de place à
l'indignation. (6) Ne font-ce pas encore nos Pieces de Théatre qui
nous ont affermis dans le préjugé qui note d'infamie les parents des
fuppliciés ? Elles nous expofent quelquefois des Princeffes amou-
reufes du fils d'un fcélérat ; ou ces Princeffes combattent leur
penchant , ou elles font détournées de leur amour par les motifs
qu'on leur offre de ne point s'allier à un fang infame. Si la paffion
l'emporte , les raifons qui la balançoient n'ont pas moins germé
dans l'efprit des fpectateurs. Ces combats produifent des fituations
vraiment théatrales ; elles ont fait le fuccès du *Cid* , qui les a mifes
à la mode. Enfin , l'efprit féduit par l'illufion , fait un principe
facré d'une émotion du cœur.

Je ne vois qu'un cas où le préjugé dont je parle exige une
exception , c'eft pour le crime qui attaque la perfonne facrée de
nos Rois : l'indépendance de leur Couronne , leur fûreté , notre
tranquillité , le bien de l'État , demandent que le noir attentat
d'un régicide répande l'infamie fur fa famille entiere : oui ,
que ce tronc foit fouillé jufques dans fes derniers rejetons ; que le
facrilege qui a ofé concevoir le plus horrible des complots , com-
munique fon horreur & fes remords à ceux qui lui appartiennent ;
que fon nom devienne pour eux celui de l'opprobre , qu'il ne foit
prononcé qu'avec les accents de l'exécration ; que fon fang répandu
rejailliffe jufques fur fes enfants ; que les traces y reftent em-
preintes comme un figne de la honte qui doit les accompagner ;
enfin que leurs regards infpirent l'horreur qu'infpirent les monftres.
(7) Voilà le feul cas où le crime doit ceffer d'être perfonnel ; mais
dans toute autre circonftance , c'eft un préjugé funefte que d'en

faire un héritage aux parents de celui qui l'a commis. Faut-il que je sois obligé de le combattre ? Faut-il que je sois obligé de réclamer les droits de la raison contre l'opinion la plus injuste & la plus grossiere ? Hélas ! que de préjugés nous environnent ! L'esprit philosophique n'a pas fait tous les progrès qu'on s'imagine, puisque tant d'erreurs luttent encore contre sa lumiere : quelques-unes, à la vérité, se sont dissipées, mais avec peine. (8) Il n'y a pas long-temps que nous croyions à l'Astrologie judiciaire, & à la Magie : les Tireurs d'horoscopes & les Devins étoient honorés & consultés dans la Cour de nos Rois ; c'étoit d'après les oracles de ces Dieux prétendus, qu'ils décidoient la paix ou la guerre. Nous avons cru pendant long-temps, que les Églises devoient être des asyles pour le meurtrier : le scélérat teint du sang de son frere, ne souilloit point le Temple saint ; mais les mains qui l'en arrachoient étoient impures. Nous ne voulions point que le crime infectât la demeure de l'Être le plus pur, & nous voulions qu'il infectât une famille innocente. Enfin cette erreur s'est évanouie avec quelques autres : celle qui cause les maux dont je n'ai tracé qu'une foible peinture, existera-t-elle toujours ? N'en sera-t-il pas d'elle comme de l'opinion qui avoit mis le duel en crédit ? Elle s'abolit insensiblement, cette coutume née du sein de l'ignorance, & qui, pour un mot, imposoit silence à la nature & à l'amitié. On a compris que l'insulte retomboit sur celui qui la faisoit ; qu'un Citoyen ne doit verser son sang que pour la Patrie ; qu'on n'est lâche qu'en refusant de combattre pour elle, & qu'un brave homme qui expose sa vie pour l'État, peut sans honte refuser le défi d'un téméraire, qui fait souvent montre d'une valeur qu'il n'a pas, ou qu'il a loin du champ de bataille. Le préjugé qui note d'infamie les parents des suppliciés, subira sans doute le même sort : il s'écoulera comme les autres erreurs dont nous rougissons à présent. On comprendra qu'il est le fléau de la Juſtice, & que les raiſons les plus de l'État & triomphantes demandent hautement ſa deſtruction. Quel avantage pour la Patrie, s'il étoit aboli! On verroit les talents & les vertus des hommes qu'il perſécute, prendre l'eſſor ; on verroit ces hommes couvrir, par les plus belles actions, une tache même injuſte ; on les verroit ſortir du ſommeil de la mort, pour nous reprocher, par des ſervices, la vie que nous leur avions ôtée ; on verroit, comme en Angleterre, l'homme de mérite ne point ſouffrir d'avoir un parent ſupplicié, & s'aſſeoir à la place que la Juſtice lui auroit marquée. Pourquoi ne pas imiter nos voiſins ? aimons-nous moins notre Patrie ? ou ſommes-nous moins éclairés ? On comprendra auſſi en France qu'il eſt injuſte & ridicule de punir un homme des crimes dont il n'eſt pas l'auteur ; on comprendra que cette coutume eſt condamnée par nos cœurs, dans leſquels eſt gravé ce principe de droit, *alterum non lædere*. Dans une Nation comme la nôtre, il ne faudroit qu'un grand exemple pour anéantir le préjugé qui m'occupe : ſi un homme d'un nom diſtingué avoit aſſez de Philoſophie pour le heurter, il tomberoit bientôt en ruine. Eh ! pourquoi déſeſpérer d'atteindre à ce bonheur ? N'a-t-on pas vu, ſous le regne de Louis XIV. deux grands Seigneurs (*) s'oppoſer ouvertement à la fureur du duel ? L'un refuſa de ſe battre, & l'autre proteſta hautement qu'il ne ſe battroit jamais. Cela ne ſervit pas peu à décréditer le duel. Sans doute un pareil exemple renverſera l'uſage plus barbare qui nous commande ; ſans doute les gémiſſements des familles infortunées ſeront entendus. Comment voir, ſans verſer des larmes, le triſte ſpectacle d'une mere déſolée, qui, reléguée dans une retraite obſcure avec quelques-uns de ſes enfants, ſouffre avec eux du tort que leur a fait un fils indigne d'elle. Le front abattu, les yeux baignés de pleurs, tout ce qui l'environne ſemble lui reprocher ſa honte : déchirée par la douleur qui hâte ſa mort,

* *Le Duc de Navoilles & le Maréchal de la Force*

elle ne peut jouir de la fatisfaction que lui donnent fes autres enfants vertueux ; & ceux-ci, accablés du poids qui écrafe leur mere, ne peuvent lui faire goûter la joie qui les fuit : s'abreuvant d'amertume, & maudiffant le fein qui a pu donner l'être à un fils criminel, elle voit que la mort ne mettra point un terme à fes malheurs, puifque ceux de fes enfants ne finiront point avec elle. Enfin, au milieu de fes plaintes & de fes fanglots, elle entend une voix qui lui dit que le plus grand des Rois pourra l'arracher à l'opprobre qui l'inveftit : traînée par l'efpérance, elle tombe aux pieds du Trône : O vous, dit-elle, qui êtes le plus puiffant des Monarques, vous en ferez auffi le plus jufte ; pourrez-vous laiffer fubfifter plus long-temps l'infamie dont me couvre, moi & ma famille, le crime d'un de mes fils ? retirée dans une folitude avec trois autres enfants, deux fils & une fille, à peine ai-je la confolation de gémir en liberté : mes deux fils, plût à Dieu qu'il m'en eût coûté la vie, pourvu que le troi-fieme leur eût reffemblé ! mes deux fils, pleins de vertus & de talents, ont commencé leur carriere par des fervices rendus à la Patrie. L'un, diftingué dans un Régiment, honoré par fes mœurs, avoit donné des preuves de fon courage & de fon intelligence ; l'autre, affis fur les fleurs de lis, avoit mérité dans le Temple de la Juftice, la réputation d'un Magiftrat habile & intègre ; que ne font-ils morts tous les deux pour vous ! je ne gémirois pas de leur humiliation : le fort de leur frere les a flétris injuftement, ils ont été obligés, par la prévention, de s'arracher à leur place, & aux fer-vices qu'ils auroient continué de vous rendre. Que deviendront-ils ? O mere malheureufe ! faut-il que ce titre cher & facré foit l'arrêt de mon opprobre ? Que n'ai-je pas fait pour remplir mes devoirs envers un fils ingrat & cruel ! Combien de fois ai-je fait parler mes entrailles pour l'enlever à fes mauvais penchants ! Emporté par la fureur du jeu, livré aux plus viles créatures, fes paffions l'ont conduit aux baſſeſſes, des baſſeſſes il a paſſé aux fripponneries, des fripponneries aux crimes. Ce n'eſt point à une mere à nommer le ſupplice qui a terminé ſes jours ; mais ſa mort nous a plongés dans l'infamie. L'époux le plus chéri, & le plus fait pour l'être, a ſuccombé ſous ce cruel malheur : je l'aurois ſuivi dans le tombeau, ſi mon amour pour mes enfants n'avoit conſervé le ſouffle d'une vie qui va s'éteindre. Ma fille, digne objet de mes complaiſances, n'a encore ouvert les yeux que pour verſer des pleurs : en vain toutes les vertus embelliſſent ſes charmes qu'elle déteſte ; quel mortel voudroit unir ſon ſort au ſien ? Elle appuiera ma vieilleſſe, elle me fermera les yeux, je mourrai dans ſes embraſſements, ſans pouvoir l'aſſurer qu'elle verra finir la honte attachée à ſes jours. Ou raviſſez-nous une vie qui nous peſe, ou rendez-lui l'honneur qui peut nous la rendre ſupportable : notre infortune touchera ſans doute votre cœur paternel ; vous effacerez, par une loi néceſſaire, un préjugé qui nous avilit, un préjugé qui combat la juſtice qui eſt votre regle, & les intérêts de l'État que vous chériſſez. Je vous entends gémir, vous pleurez ; c'eſt la réponſe d'un cœur ſenſible. Le plus tendre des Peres ne peut être que le meilleur des Rois.

N O T E S.

(1) Les préjugés ſont les ennemis des ſciences & des mœurs. Une mauvaiſe action eſt la ſuite d'une fauſſe idée. Le préjugé qui avoit mis Ariſtote ſur le Trône, en ne permettant pas de penſer autrement que lui, retarda les progrès des arts & des vertus ſociales ; il fut même cauſe que pluſieurs Docteurs, tels que Roſelin, Abailard & Gilbert de la Porée, donnerent dans l'erreur, par l'application qu'ils firent des principes de la Logique de ce Philoſophe, aux myſteres de la Religion. On ſait les diſputes atroces qu'enfanta le reſpect qu'on avoit pour cette vieille idole. On eſt étonné aujourd'hui quand on penſe aux querelles, aux combats des Réaliſtes & des Nominaux. Occam, chef de ces derniers, fut ſurnommé le Docteur invincible, ſans doute parce que couvert de

Note pour la page 2.

ténebres, on ne pouvoit l'attaquer. Son emportement le fit écrire contre Jean XXII. & ses successeurs : dans ces temps il en coûtoit peu pour être savant ; il suffisoit d'être hérissé de quelques mots qu'on ne comprenoit pas. La prévention pour l'Aristotélisme avoit mis à la mode une science barbare, inintelligible, qui fut celle de Scot, si renommé alors, & si méprisé aujourd'hui : ses Ouvrages ne se trouvent que dans les Bibliotheques des Franciscains, & ne peuvent être lus que par eux. Quels maux ne causa pas ce préjugé ! Il fit naître une Scholastique qui embrouilla la raison & l'autorité ; des disputes de mots sur les objets les plus minutieux, occupoient le monde savant. Les assemblées les plus illustres, les décisions les plus respectables ne furent pas capables d'appaiser la dispute des Cordeliers sur l'usage & la propriété de leurs mets : plusieurs aimerent mieux périr dans les flammes, d'autres passer chez l'Empereur Louis de Baviere, plutôt que de renoncer à leur sentiment. Ils s'échaufferent au point qu'ils soutinrent, que la regle de saint François étoit la même chose que l'Evangile, & qu'on n'y pouvoit rien du tout changer. Est-il rien de plus ridicule que les disputes de ces mêmes Cordeliers sur la forme & l'étoffe de leurs habits, s'ils seroient blancs, noirs, gris ou verds ; (*) si le capuchon en seroit pointu ou rond, ample ou étroit ; s'ils porteroient leur robe longue ou courte, large ou étroite ? Croiroit-on que ces disputes frivoles occasionnerent des Congrégations, & furent la cause de plusieurs Livres ? Voilà les suites les moins funestes de l'erreur qui avoit divinisé Aristote. Pierre Lombard en ébranla les autels, en s'écartant de sa méthode ; Durand, Evêque de Mende, frondeur des abus de son temps, & sur-tout des dispenses & de la pluralité des bénéfices, s'éleva contre les subtilités ténébreuses de la dialectique, qu'on préféroit à la vraie science ; mais la prévention dura malgré ces deux hommes, qui furent les premiers à l'attaquer : ils frayerent le chemin à Ramus, Bacon & Descartes, qui rendirent un grand service à la Nation, en guérissant les esprits d'un préjugé qui les rendoit barbares. Il est temps que celui qui note d'infamie les parents des suppliciés, essuie la même révolution : n'est-il pas le fruit d'une mauvaise logique ?

* Mézerai.

Note pour la page 2.   (2) L'usage qui flétrit un homme pour des crimes qu'il n'a point commis, est aussi ridicule & aussi grossier que celui des épreuves. L'ignorance & des idées fausses ont introduit ces deux usages, dont l'un regne encore, malgré nos lumieres. Les épreuves ont été abolies, comme féroces, superstitieuses, téméraires, & inutiles pour découvrir la vérité. Un homme accusé se purgeoit, ou par l'eau chaude, ou par le fer chaud : mais ne pouvoit-il pas, par sa force naturelle , ou par des moyens phyſiques , régler à ſon gré l'action des agents qu'on employoit contre lui ? La ruſe , la patience , la force , pouvoient triompher de l'innocence dépourvûe de vigueur & d'adreſſe. Ces moyens de ſe juſtifier favoriſoient le crime , & ſembloient forcer Dieu à faire un miracle. Lothaire, troiſieme Roi de Lorraine , ayant accuſé la Reine d'inceſte , elle offrit d'eſſuyer l'épreuve de l'eau chaude. Celui qui la fit pour elle , s'en tira fort bien. Ce qu'il y a de plaiſant , c'eſt qu'on pouvoit ſe ſervir d'un autre. On ne manquoit pas , ſans doute , de choiſir un ſujet capable. Le Roi cependant ſoupçonna de la ruſe dans l'épreuve , la déclara ſuſpecte , & renouvella ſon accuſation. La vengeance le rendit clairvoyant. Hincmar , malgré ſa ſcience , fut partiſan des épreuves. Il eſt étonnant que l'Egliſe les ait tolérées. J'en vois la raiſon dans des motifs de religion mal réglés : dans le doute du coupable & de l'innocent , on croyoit honorer la Providence , en l'interrogeant pour qu'elle découvrît la vérité. Je ne ſuis pas ſurpris que ces épreuves aient été en vigueur dans les ſeptieme , huitieme & neuvieme ſiecles : quelques foibles rayons ne pouvoient pas entr'ouvrir le nuage étendu par-tout. Mais le duel , qui eſt encore une épreuve , a dominé long-temps après. Antoine de Chabannes , Comte de Dammartin , eſt accuſé devant le Roi , par le Dauphin Louis XI. de lui avoir ſuggéré un mauvais deſſein. Le Comte nie le fait en préſence du Roi , & offre de s'en juſtifier par le combat contre les Gentilshommes du Dauphin qui voudroient l'entreprendre. Sous François II. les Huguenots font une entrepriſe ſur Amboiſe ; leur but étoit de s'emparer du Duc de Guiſe & du Cardinal de Lorraine , pour les faire juger par les États. Le Prince de Condé eſt accuſé d'avoir trempé dans cette entrepriſe ; il demande à s'en purger, offre le combat de ſa perſonne , renonçant à ſa qualité , pour cette occaſion ſeulement. L'expoſition de ces uſages ſuffit pour en montrer le ridicule. Auſſi un coup d'œil de la raiſon plus éclairée les eut bientôt diſſipés. Cette raiſon répand à préſent la lumiere la plus vive , & le préjugé contre lequel j'écris , ſemble dire que nous ſommes encore dans les ténebres de l'ignorance.

(3) Comment ſuppoſer qu'un homme ſera détourné du crime , par l'infamie qu'il peut imprimer à ſa famille ? Quand on ne craint pas la honte pour ſoi , on ne la craint guere pour les autres. Le crime étouffe l'humanité , & ſouvent les remords dans celui qui le commet. Combien de ſcélérats ſont morts avec gaieté , & ont monté ſur l'échafaud en triomphe ! Cela n'eſt pas étonnant dans les hommes , ſi les femmes même ſont capables de cette férocité. On n'a qu'à

Note pour la page 4.

voir dans les Lettres de Madame de Sevigné, la relation de la mort de la Marquise de Brinvilliers, & de la Voisin, célebres empoisonneuses : la premiere entra dans le lieu où l'on devoit lui donner la question, & voyant trois seaux d'eau, elle dit : C'est assurément pour me noyer ; car de la taille dont je suis, on ne prétend pas que je boive tout cela. Elle écouta son Arrêt sans frayeur, & sans foiblesse, & sur la fin elle fit recommencer ; elle monta seule, nuds pieds, sur l'échafaud ; elle plaisanta sur ses Confesseurs . . . . .

La Voisin, avant sa mort, fit grande chere avec ses Gardes ; elle but beaucoup de vin, & chanta vingt chansons à boire : après avoir reçu plusieurs fois la question, elle n'en mangeoit pas moins, & dormoit huit heures ; elle continua ses débauches jusqu'à sa mort, (*) se moquant de la Religion : elle ne voulut point faire d'amende honorable, repoussa avec violence le Confesseur & le Crucifix, & mourut en scélérate déterminée.

** Madame de Sévigné.*

Note pour la page 13. (4) C'est agir contre la population, que de répandre l'infamie d'un criminel sur tous ses parents. On les oblige de quitter leur patrie, ou de lui être inutiles par la note qui les empêche de prétendre au mariage. L'auteur d'un crime impuni, ou ses parents, trouvent des personnes auxquelles ils peuvent s'allier. Le fils ou le frere vertueux d'un coupable supplicié sont nécessairement voués au Célibat. J'ai indiqué bien d'autres raisons, qui, en prouvant que ce préjugé est contraire au bien de l'État, demandent sa destruction. Pourquoi sommes-nous moins sages ou moins justes que les Anglois ? Plût à Dieu que le Monarque chéri qui nous gouverne, pût adopter ces beaux vers de l'Artaxerxes de Mr le Mierre ! Artaxerxes prêt à juger Arbace cru coupable, dit :

> *Si les Rois sont sujets à l'erreur,*
> *Leur équité du moins doit avoir en horreur*
> *Ce préjugé honteux que ma justice efface,*
> *De flétrir un mortel des crimes de sa race.*

En abolissant cet usage, on serviroit la population. A Dieu ne plaise que je prétende peupler l'État par des moyens vils, tels que ceux qu'employa Louis XI. Les chaleurs excessives de l'été ayant fait périr à Paris plus de quarante mille personnes, & en ayant fait sortir un plus grand nombre, il y appella, par un Edit, toutes sortes de gens, même les bannis (*) & les criminels, qui non seulement furent absous, mais encore comblés de franchises & de privileges.

** Mézerai.*

Note pour la page 16. (5) Le préjugé qui note d'infamie les parents des suppliciés, favorise les crimes ;

crimes; il excite les hommes riches & puiſſants à détourner le fer de la Juſtice, qui doit frapper leurs parents criminels; il autoriſe la maxime funeſte de craindre plus le gibet que l'action qui y mene.

Le crime fait la honte, & non pas l'échafaud.

Ce beau vers de Thomas de Corneille eſt applaudi au Théatre, parce qu'il exprime une vérité. Mais le préjugé que j'attaque, ne met la honte que dans le ſupplice. Ainſi les hommes puiſſants ſeront moins ſoigneux à faire éviter à leurs enfants les mauvaiſes actions, que la peine qui les attend. Combien d'hommes, à la faveur du crédit ou des richeſſes, ont échappé aux rigueurs dûes à leurs forfaits! Je n'en citerai qu'un exemple. On ſait que la Vigoureux & la Voiſin, qui, ſous prétexte d'Aſtrologie, faiſoient & vendoient du poiſon, accuſerent pluſieurs perſonnes diſtinguées d'être leurs complices; mais Penautier, Receveur général du Clergé, impliqué dans la procédure de la Voiſin, n'étoit pas innocent; il étoit ami de la Brinvilliers, & il fut accuſé d'avoir employé les ſecrets de cette empoiſonneuſe: il ſe diſculpa avec cent mille écus, & la protection du Cardinal de Bonzi, Archevêque de Narbonne. Il y en a qui aſſurent qu'il lui en coûta la moitié de ſes biens. Il paroît que le public regardoit Penautier comme coupable; un trait rapporté dans les Lettres de Madame de Sevigné le fait croire. Le Cardinal de Bonzi avoit coutume de dire, qu'il feroit mourir tous ceux qui avoient des penſions ſur ſes bénéfices, & que ſon étoile les tueroit. Un jour que Penautier étoit avec cette Eminence dans ſon carroſſe, l'Abbé Fouquet, en le voyant, dit à quelques-uns: Voilà le Cardinal qui eſt avec ſon étoile.

(6) Si la richeſſe ou le crédit arrêtent le fer de la Juſtice, les crimes qui ont pour objet quelque grand changement, nous inſpirent auſſi moins d'horreur que les autres. Il ſemble qu'il y a différentes conditions parmi eux, comme parmi les hommes. Il eſt des crimes roturiers, ſi je puis parler ainſi; l'infamie & la peine paroiſſent n'être que pour eux. J'ai jeté une réflexion dans ce Diſcours, en faiſant dépendre de nos Pieces de Théatre cette façon de juger. Les perſonnages ſcélérats qu'elles nous expoſent, doivent, pour nous intéreſſer, avoir de grandes vues, des projets vaſtes; leur hardieſſe, leur intelligence, leur génie nous éblouiſſent ſur les moyens: on fait même violence à l'Hiſtoire, pour nous en impoſer davantage: les tableaux hiſtoriques ne ſont pas aſſez dramatiques; nous ne pouvons ſouffrir les ſcélérats ſans génie, & les Tyrans bêtes ne font pas fortune; on leur donne même un peu de vertu,

Note pour la page 17.

D

pour les faire mieux accueillir. Puis-je être indigné contre Polifonte , quand je lui entends dire dans la belle Tragédie de Mérope :

> *Qui fert bien fon pays , n'a pas befoin d'aïeux ;*
> *Je n'ai plus rien du fang qui m'a donné la vie ;*
> *Ce fang eft épuifé , verfé pour la Patrie.*

On voit plutôt, dans la Sémiramis de M. de Voltaire, une grande Reine , qu'une femme coupable & teinte du fang de fon époux. On veut que le crime nous intéreffe dans les grands perfonnages ; c'eft fans doute ce motif qui a engagé Racine à donner au caractere de Phedre des traits qui excitent la pitié. Quoi ! cette femme qui brûle d'un amour illicite , & outrage la foi conjugale , doit intéreffer ! Cela étoit bon pour les Grecs , qui , croyant à la fatalité, pouvoient penfer que cette Princeffe étoit la victime d'une paffion indomtable. Racine a beau lui faire dire :

> *Je ne fuis point de ces femmes hardies ,*
> *Qui , goûtant dans le crime une tranquille paix ,*
> *Ont fu fe faire un front qui ne rougit jamais.*

Je ne vois pas moins une femme qui brife le frein de la pudeur , pourfuit Hypolite pour s'en faire aimer , conçoit un projet adultere , & emploie tous les moyens pour donner de l'amour au fils de fon époux ; elle dit qu'elle n'a point recueilli le fruit de la paffion qui la dévore : cet aveu n'annonce-t-il pas le defir qu'elle avoit de ne point trouver un amant rebelle ? Quand le Poëte a jeté fur Œnone tout l'odieux de Phedre , il a montré par-là le tort qu'il avoit de nous intéreffer pour fon perfonnage principal , à qui tous les autres caracteres font facrifiés. Je penfe de même du méchant , qui , plein d'efprit , & vuide d'action , nous amufe , au lieu de nous indigner ; il n'eft pas affez odieux, affez noir , pour infpirer l'horreur qu'il devroit faire éprouver. Nos Pieces de Théatre ont encore accrédité le préjugé qui note d'infamie les parents des criminels. Nous applaudiffons à Pulchérie dans Héraclius , lorfqu'elle dit au Tyran , que fon fils eft indigne d'elle , étant forti de lui. Nous admirons dans le même Héraclius , la réponfe de Leontine à Phocas , qui la preffe de lui rendre fon fils ; elle lui dit :

> *Il m'en défavoûroit.*
> *Et ce fils , quel qu'il foit , que tu ne peux connoître ,*
> *A le cœur affez haut pour ne vouloir pas l'être :*
> *Séduit par ton exemple , & par fa complaifance ,*
> *Il t'auroit reffemblé , s'il eût fu fa naiffance ;*
> *Il feroit lâche , impie , inhumain comme toi.*

Nous aimons à voir dans Crébillon , Electre , combattant son amour pour
Egiste : notre façon de penser est favorisée par ces situations , ainsi que le duel
est encouragé par le Cid. C'est un mal que les Poëtes Dramatiques fondent leurs
pieces sur les préjugés nationaux ; ils devroient plutôt chercher à les détruire.

(7) J'ai dit que le préjugé qui fait l'objet de ce Discours , exigeoit une
exception seulement pour le régicide : c'est le plus grand crime qu'on puisse
commettre dans une Monarchie, comme dans une République les attentats
contre la liberté sont les plus grands forfaits. Marcus Manlius convaincu à
Rome d'avoir aspiré à la Royauté , fut précipité de la roche Torpéjenne ; une
note d'infamie fut attachée à lui & à sa famille : il fut ordonné , par un
Arrêt du Sénat , qu'aucun de cette maison ne prendroit à l'avenir le nom de
Marcus. Il est juste aussi que le traître qui ose lever une main sacrilege sur la
personne de nos Rois , soit puni du plus horrible supplice , & que l'infamie
en rejaillisse sur ses enfants ; mais ce cas excepté , nous devons détruire le préjugé que j'attaque. L'état des personnes innocentes qu'il livre à l'opprobre , est
digne de compassion : on peut dire d'elles ce que Tite-Live disoit des Romains
qui avoient passé sous le joug aux fourches caudines : *Adeò super mœrorem, pudor
quidam fugere colloquia & cœtus hominum cogebat.* Mais que faudroit-il pour
extirper un préjugé aussi atroce? Une loi, & qu'un grand Seigneur osât
épouser la fille vertueuse d'un homme supplicié. Quand Louis XIV. eut porté
ses Ordonnances contre le duel, le Duc de Navoilles ne refusa-t-il pas de se battre
contre le Comte de Soissons ? Si le duel subsista encore, quoique plusieurs Seigneurs fussent décapités , c'est qu'il ne falloit pas le punir par la peine de mort.
Si on avoit dégradé de noblesse le duelliste , l'honneur qui faisoit un devoir de se
battre , en auroit fait un de refuser le combat. La politesse de nos mœurs, des
idées plus saines , ont presque déraciné ce préjugé ; pour que l'autre fût exter-
miné, il faudroit un exemple tel que celui que je desire, & une loi qui , en
rétablissant dans leur état des personnes injustement flétries , déclarât infames
ceux qui leur feroient des reproches contraires à cette loi. Tout dit qu'on doit
être fâché d'appartenir à un criminel ; mais rien n'oblige d'en rougir.

(8) Nous avons suivi & abandonné ensuite plusieurs préjugés ridicules :
celui qui note d'infamie les parents des suppliciés , éprouvera sans doute aussi
notre inconstance. Un coup d'œil rapide va montrer les erreurs auxquelles nous
avons été livrés. Je ne m'arrêterai pas à la condamnation de la Pucelle
d'Orléans , jugée à Rouen comme Sorciere. On prétendit que sur le bûcher elle
prédit aux Anglois qu'ils seroient chassés de toute la France. Un Poëte du temps

Note pour
la page 17.

Note pour
la page 18.

D 2

ne manqua pas de dire que fon cœur fut trouvé entier parmi les cendres , & qu'une colombe s'envola du milieu des flammes de fon bûcher , pour prouver fon innocence & fa pureté. Long-temps après on a cru encore à la Magie & à l'Aftrologie judiciaire. On étoit perfuadé que les aftres préfidoient à tous les événements ; qu'ils avoient même le pouvoir de diriger les actions des hommes , de changer leurs mœurs , leur caractere , leur fortune. De favants Médecins étoient imbus de la doctrine de l'influence des aftres , & leur foumettoient la Médecine ; ils prétendoient que les aftres pouvoient produire la fanté , & guérir les maladies , fuivant leur afpect ou leur paffage. Cardan , fameux tireur d'horofcopes , étoit fort engoué de l'Aftrologie : ayant prédit fa mort , il aima mieux fe laiffer mourir de faim , que de paffer pour faux Devin. Je ne remonterai pas à des fiecles éloignés pour prouver les extravagances qui nous occupoient. Faut-il dire que fous Charles VII. Jacques Cœur , Argentier du Roi , & Maître des Monnoies de Bourges , fut accufé d'être Sorcier , à caufe de fes grandes richeffes ? on difoit qu'il avoit trouvé la pierre philofophale : on ne comprenoit pas que fa grande fortune venoit du commerce étendu qu'il avoit dans les pays étrangers. Mais les Devins & les Sorciers furent confultés beaucoup fous les derniers Valois. Catherine de Médicis étoit fort entêtée de la Magie ; fous Louis XIII. on y ajoutoit foi. Pour voir à quel point nous en étions alors , il fuffira de dire que nous reffemblions aux Negres de Madagafcar : entêtés de leurs Ombiaffes , qui font des Prêtres Magiciens , ils donnent des billets écrits en caracteres arabes , qui , felon eux , préfervent du tonnerre , des bleffures , de toutes fortes de dangers , & même de la mort. Ces impofteurs ont parmi les Negres la même confidération qu'avoient autrefois parmi nous les Sorciers , les Aftrologues & les Faifeurs de talifmans. L'expofition fuccinte de nos anciennes erreurs fait efpérer qu'on quittera auffi celle qui a occafionné ces réflexions·

Un autre préjugé que nous avons chéri long-temps , eft celui qui donnoit aux meurtriers un afyle dans les Eglifes. Voici un trait qui prouve à quel point nous en étions efclaves. Marcel maffacra , en préfence du Dauphin , le Maréchal de Clermont , Jean de Châlons , Sénéchal de Champagne , & le Prévôt de Paris ; ils furent expofés nuds en place publique. Les corps de ces Seigneurs n'eurent point les honneurs de la fépulture , parce qu'ils avoient été excommuniés par l'Evêque de Paris : leur crime étoit d'avoir arraché de Saint Jacques de la Boucherie le meurtrier de Jean Baillet , Tréforier de France. Enfin nous avons répudié tous ces préjugés : celui du duel , qui a fait verfer tant de fang , eft prefque détruit ; celui dont je me plains ici , doit expirer fans doute : il eft auffi barbare , & plus injufte.

LETTRE
SUR
L'ÉLOQUENCE,

à M. AUGER, Professeur d'Éloquence au College de Rouen.

J'AI lu, Monsieur, votre Lettre insérée dans le Journal d'Éducation ; elle m'a paru renfermer des idées peu justes ; je vais les combattre : cette querelle ne vous paroîtra pas bien vive , parce que vous devez être persuadé de l'estime que je fais de votre talent & de vos connoissances. Vous dites *que le grand genre de l'Éloquence*, ou *l'Éloquence proprement dite*, ne se trouve que dans le genre judiciaire & délibératif. Il étoit inutile de dire, le grand genre de l'Éloquence ; il n'y en a qu'une : tout ce qui n'est pas dans *le grand genre*, ne mérite que le nom de discours élégant. Avez-vous fait attention , qu'en excluant l'*Éloquence proprement dite*, du genre démonstratif, vous ôtiez du nombre des grands Orateurs, Bossuet, l'aigle de l'Éloquence Françoise ? Avez-vous fait attention que ce genre présente des circonstances qui donnent lieu aux plus grands mouvements ? Le Prédicateur qui loue un Saint, peut tonner contre les vices que le Saint a fuis, & se répandre en éloges sur les vertus qu'il a pratiquées : ces moyens sont des armes pour l'Éloquence sublime. Les invectives contre les vices donnent sur-tout de la chaleur & de la véhémence au discours : alors les fleurs tombent des mains de l'Orateur qui s'arme de la foudre.

Ainsi dès qu'il nous exhorte à imiter la vertu , & à fuir le vice, le genre démonſtratif ſe confond avec le genre délibératif , & a les mêmes reſſources. Il n'eſt guere de ſujet , ou de cauſe un peu grave , qui n'allie les trois genres. Avez-vous entrevu les conſéquences de votre principe ? Si l'Éloquence , c'eſt-à-dire , la *grande*, ne ſe trouve que dans le genre judiciaire & délibératif, il faudra convenir que nous n'avons point d'excellents Orateurs. D'abord notre Barreau , plus timide que celui des Anciens , ne permet pas trop les grands mouvements. Quant à nos Avocats Généraux , ils ſe contentent de rapporter les raiſons pour & contre , & n'entrent point dans la paſſion. Les affaires criminelles ne ſont point plaidées dans nos Tribunaux ; l'accuſé n'eſt défendu que par des Mémoires. Notre Barreau fort grave , n'admettroit pas les moyens en uſage dans celui de Rome : un Avocat pouvoit offrir ſa partie aux yeux des Juges. L'Orateur Antoine montra Manlius Aquilius, en déchira la robe , & fit voir les plaies dont il étoit couvert. Les objets préſents font une impreſſion bien plus vive. Manlius prêt à être condamné , montrant les bleſſures qu'il avoit reçues pour le peuple , tendant les mains au Capitole qu'il avoit défendu , & priant l'Aſſemblée de ne le point juger ſans jeter les yeux ſur la Fortereſſe & le Capitole , devoit néceſſairement intéreſſer. Auſſi les Tribuns , pour éloigner le peuple du théatre de la gloire de Manlius , tranſporterent l'Aſſemblée dans un lieu d'où le Capitole ne pouvoit être apperçu. Ces moyens victorieux que je viens de citer , nous manquent. Ainſi ce que vous dites de l'Éloquence , rélativement au genre judiciaire , ne ſeroit qu'à l'avantage des Anciens ; vous priveriez du titre d'excellent Orateur pluſieurs Avocats célebres , & ſur-tout M. Cochin , pour qui je vous demande grace. Notre Barreau ne ſouffre pas trop , ni les comparaiſons qui ornent & fortifient le diſcours , ni les peroraiſons pathétiques qui en ſont le triomphe ;

il n'y a gùere que M. Erard qui les ait quelquefois employées. Ainſi ,
Monſieur , *l'Éloquence proprement dite* ne ſe trouveroit dans le genre
judiciaire que chez les Anciens. Quant au genre délibératif , pris à
la rigueur , il ne peut pas exiſter parmi nous. Les grandes affaires né
ſont point agitées dans un Sénat, ou devant le peuple , comme à
Athenes & à Rome ; ainſi nous n'aurions point d'illuſtres Orateurs ,
ſi *l'Éloquence proprement dite* étoit bornée à ces deux genres. Mais.
vous ſeriez bien étonné ſi je prétendois que ſouvent les beaux endroits
de l'Éloquence ancienne appartiennent au genre que vous traitez ſi
mal. L'Oraiſon de Ciceron , *pro lege Manilia* , eſt dans le genre
délibératif & démonſtratif. Je vous demande ſi les beaux morceaux
de cette Harangue ne ſont pas ceux où l'Orateur fait l'éloge des
exploits & des vertus de Pompée ? Je vous demande ſi les endroits
triomphants de l'Oraiſon *pro Archia Poeta* , ne ſont pas ceux qui
célebrent ſi dignement la gloire , la Poéſie , Homere , Roſcius &
Archias ? Ce ſont les idées générales qui fourniſſent les plus grands
traits à l'Éloquence ; ce qui eſt pur raiſonnement , eſt froid & ſec.
C'eſt en ſaiſiſſant les vues générales, que l'Orateur échauffe, entraîne.
Or le genre démonſtratif peut s'écarter plus aiſément du point
indiqué , & s'emparer des idées générales ; il eſt donc ſuſceptible
de la plus grande Éloquence. Le ſujet qui ſemble le moins propre
aux élans , bien médité & bien manié , offre des faces qui inſpirent
l'enthouſiaſme. Un homme vraiment éloquent commande à ſon
ſujet. L'Orateur , dans le genre démonſtratif , peut s'élever au plus
haut degré de l'Éloquence, ſur-tout dans les Oraiſons funebres. Ces
ſujets lugubres , par le lieu , les circonſtances , l'aſſemblée , & le
héros qui en eſt l'objet , communiquent à l'Orateur un ſombre qui
doit rendre le diſcours touchant & pathétique. On ſoupire , on
gémit , on eſt prêt d'éclater en ſanglots , quand on lit l'Oraiſon
funebre de la Reine d'Angleterre , celle de la Ducheſſe d'Orléans :

on éprouve ces mouvements avec une forte d'élévation , en lifant
celle du Prince de Condé. Voilà les marques auxquelles on reconnoît
l'empire de la grande Éloquence. Enfin, ou l'Orateur célebre un
Général d'armée , ou un Miniftre , qui ont fait de belles chofes.
Quelle fource de grandeur dans les idées , les fentiments & le ftyle !
S'il définit & décrit les emplois qu'ont remplis fes héros , n'a- t-il pas
encore là un vafte champ pour *l'Éloquence proprement dite?* La définition de la charge de Lieutenant de Police a fourni à Fontenelle des
chofes ingénieufes dans l'éloge de M. d'Argenfon ; un homme
éloquent en auroit dit de grandes. Mais une chofe qui prouve encore
en faveur du genre démonftratif, c'eft qu'il peut employer les
figures hardies, les images poétiques, qui feroient fouvent déplacées
dans les deux genres que vous favorifez. Les ondes qui fe courbent
fous la Reine d'Angleterre , & foumettent leurs vagues à la Domi-
natrice des mers ; ces figures qui femblent pleurer autour du tombeau
du Prince de Condé ; ces colonnes qui femblent vouloir porter
jufques au ciel le magnifique témoignage de notre néant ; ces
belles chofes , dis-je , ne feroient pas trop bien dans les genres délibératif & judiciaire , parce que dans l'un , l'Orateur eft occupé de
quelques intérêts qui demandent des preuves ; & dans l'autre , il
doit prendre le langage de fa partie ou de la loi. Je le répete ,
Monfieur , le genre démonftratif peut s'élever jufqu'à *l'Éloquence
proprement dite* ; il le peut par lui-même , par le fujet qu'il traite ,
& par les acceffoires qui l'entourent. Il eft inutile de faire des dif-
tinctions ; ce font les Écrivains plus ou moins éloquents qui font les
fujets. Il y en a qui font un fquélette de ce qui auroit pu fournir un
corps plein de vie & d'embonpoint. Il y en a qui font naître des
fleurs fur des rochers , & fortir un torrent du milieu d'une prairie.
Il faut un ton propre à chaque genre ; mais quelquefois La Fon-
taine prend , dans fes Fables , l'effor de la haute Poéfie. Êtes-vous

fâché

fâché que Tite-Live peigne, avec des couleurs poétiques, le paſſage d'Annibal par les Alpes ? Êtes-vous fâché que Malebranche ait un ſtyle plein d'images, & qu'il donne un corps aux idées les plus abſtraites ? Le genre tragique, qui ſoumet néceſſairement le Poëte aux ſituations & au langage de ſes perſonnages, emprunte quelquefois le ton & le tableau de la Poéſie Épique. M. de Voltaire a dit dans une de ſes Tragédies :

> *Ce coloſſe effrayant, dont le monde eſt foulé,*
> *En preſſant l'univers, eſt lui-même ébranlé ;*
> *Il penche vers ſa chûte, & contre la tempête*
> *Il demande mon bras pour ſoutenir ſa tête.*

En vérité, Monſieur, vous avez bien de l'humeur contre le genre démonſtratif. Les Platons, les Socrates, dites-vous, quelqu'éloquents qu'ils fuſſent, n'étoient pas appellés Orateurs, mais Philoſophes. La raiſon en eſt ſimple : ils étoient appellés Philoſophes, parce que la Philoſophie dominoit dans leurs ouvrages : on les a caractériſés par l'objet de leurs travaux. Ainſi, quoique M. de Buffon ſoit éloquent, on lui donnera plutôt le nom de Philoſophe que celui d'Orateur, parce que les ſujets qu'il traite ſont du domaine de la Philoſophie. Un beau Panégyrique, ajoutez-vous, un beau Traité de Morale, une belle Oraiſon funebre, *peuvent annoncer les talents d'un grand Orateur, mais ne conſtituent pas l'Orateur.* Je ne veux pas vous chicaner ſur cette phraſe, dont je pourrois tirer avantage. Boſſuet eſt une preuve ſans replique, qu'une belle Oraiſon funebre conſtitue l'Orateur. Fléchier, dans ſon Oraiſon funebre de Turenne, prouveroit encore contre vous ; mais cet ouvrage excepté, il rentre dans la claſſe des Écrivains qui ne ſont qu'élégants. Un beau Traité de Morale, s'il renferme des morceaux vraiment éloquents, conſtituera auſſi l'Orateur. A quel titre Jean-Jacques Rouſſeau peut-il prétendre à la place que vous lui

donnez à côté de Démosthene ? L'Écrivain moderne n'est éloquent
que lorsqu'il peint les passions, les vices, ou quelques phénomenes
de la nature. Je vous ai démontré plus haut, qu'un Panégyrique
pouvoit inspirer les grands mouvements de l'Éloquence ; je dis
même que les Éloges Académiques peuvent y prétendre, s'ils sont
faits par un homme qui ait le talent de l'Orateur. L'Éloge du Cardinal de Richelieu, dans le Discours de réception de M. de Mon-
tesquieu à l'Académie Françoise, est tracé d'une maniere précise,
grande, & conséquemment éloquente. Vous dites, Monsieur, que
Ciceron a des figures plus hardies que Démosthene, parce que dans
la Milonienne il apostrophe les éminences, les bois sacrés des Albains,
les autels, &c. Ces apostrophes sont fréquentes dans le genre
démonstratif. Le plus mince Faiseur de Panégyrique peut apostro-
pher la cellule du Saint qu'il célebre, & ébranler la voûte du temple,
qui ne sera pas plus ému que les auditeurs. Ces choses sont devenues
communes, & ne frappent que par la façon dont elles sont pré-
sentées. Depuis que Ciceron, en faisant valoir les exploits de
Pompée, a pris à témoin l'Italie, la Gaule, l'Espagne, l'Afrique, &c.
combien de prétendus Orateurs ont pris ce tour ! Vous finissez,
Monsieur, en disant que vous croyez être chez vous, quand vous
lisez Démosthene. Je pense que vous l'auriez mieux loué, en
avouant que sa lecture vous transportoit à Athenes ; c'est l'effet que
doit produire cet Orateur rapide & impétueux. J'adopte votre sentiment sur Ciceron ; je crois, comme vous, qu'il est souvent lâche
& verbeux ; il cherchoit trop à flatter l'oreille. Tite-Live me paroît
plus éloquent, plus élevé, plus rempli d'idées. L'Orateur Romain
délaye trop ses pensées ; il les présente sous différentes faces :
Massillon n'est pas exempt de ce défaut. Il résulte de tout ce que
j'ai dit, 1°. que l'Éloquence *proprement dite* peut se trouver dans le
genre démonstratif, parce que dans ce genre on peut manier les

paſſions , & conféquemment ſe livrer aux mouvements qui conſtituent la vraie Éloquence ; 2°. que les ſujets qui en ſont les moins
ſuſceptibles , l'admettent , quand ils ſont traités par un homme
éloquent ; 3°. que dans le genre ſimple il y a des objets & des circonſtances qui échauffent , agrandiſſent l'ame de l'Orateur ou du
Poëte. Juvenal a dit dans une Satyre :

> *Unus Pellæo juveni non ſufficit orbis ;*
> *Æſtuat infelix anguſto in limite mundi.*

Boileau a rendu cette belle image d'une maniere commune ; mais
Boileau s'eſt élevé dans ſon Épître ſur le paſſage du Rhin. Il réſulte ,
4°. que l'Orateur qui touche & entraîne , eſt le grand Orateur , dans
quelque genre que ce ſoit. J'ajouterai encore une réflexion , c'eſt
que le moyen le plus ſûr pour connoître ſi un homme eſt vraiment
éloquent , c'eſt quand vous n'êtes pas occupé de ſon ſtyle ; la
négligence & l'incorrection des phraſes ne trahiroient même pas la
grandeur des idées. C'eſt la beauté qui frappe ſous des habits ruſ-
tiques. Vous vous ſouvenez ſans doute , Monſieur , que vous me
fites l'honneur de me prier d'aſſiſter avec quelques gens de Lettres ,
à la lecture de votre traduction de Démoſthene ; vous invitates la
Compagnie à ne pas vous épargner ſur le ſtyle. J'uſai de la liberté
dans le commencement ; mais je fus enſuite arraché à ces obſervations.
Vous me demandates pourquoi je ne diſois plus rien ? je vous
répondis que j'étois entraîné par les mouvements de l'Orateur , &
que j'étois trop occupé des choſes pour faire attention aux phraſes.
Voilà , je penſe , la marque à laquelle on peut reconnoître la
grande Éloquence. J'eſpere que vous ne ſerez pas choqué des réflexions qui me ſont échappées ſur votre Lettre ; je les ſoumets à votre
jugement : je puis donner dans l'erreur ; mais je ſuis bien ſûr au
moins de ne m'être pas trompé ſur l'idée que j'ai conçue de votre
mérite. J'ai l'honneur d'être.

A Lyon. De l'Imprimerie de PERISSE. 1769.